L 27/n 13529.

# Biographie

DU

# GÉNÉRAL MARIN.

# BIOGRAPHIE

DU

# GÉNÉRAL MARIN.

---

MARIN (Jacques-Barthélemy), à qui la juste fortune, en récompense de ses mérites, et comme à un de ses élus les plus dignes, réservait successivement, après les grades inférieurs, ceux de capitaine, de chef de bataillon, de major ou lieutenant-colonel, de colonel et de maréchal-de-camp, les titres et les dignités de baron de l'Empire, de gouverneur des pages et de commandeur de l'ordre de la Légion-d'Honneur, reçut le jour dans une famille recommandable et aisée de Ville, près Noyon (Oise), le 23 août 1772.

1847

Content de sa position, peu soucieux des grandeurs, il aurait pu rester ignoré et passer des jours tranquilles et uniformes à l'abri du foyer paternel ; mais 92 avait sonné ! la patrie, menacée de toutes parts par l'étranger, réclamait l'appui de ses enfants ; il laissa là son berceau, le calme qui l'entourait, et, le sac sur le dos, volontaire républicain, il partit en compagnie de quelques-uns de ses concitoyens, animés du même esprit que lui, pour repousser une invasion impie du territoire national.

Aussitôt arrivés à Reims, on organise les volontaires en bataillon, sous la désignation de 5ᵐᵉ de l'Oise, et notre jeune patriote, commençant alors cette série de grades qu'il devait achever de conquérir au prix de son sang, est nommé en peu de jours, et par élection, sous-officier, sous-lieutenant et lieutenant.

Les Prussiens venaient de s'emparer de Verdun, et, depuis deux jours, la bataille de Jemmapes était gagnée, quand le lieunant Marin parvint à la frontière avec le bataillon dont il faisait partie.

Il assista, sous ce grade, aux campagnes mémorables qui eurent alors pour théâtre les bords de la Sambre et du Rhin ; il se fit remarquer, en Allemagne, par une audace et un courage à toute épreuve, et prit une part active sous Miranda et Kléber, en 93 et 94, aux deux siéges de Maëstricht, qui fut obligée d'ouvrir ses portes aux assiégeants, ainsi qu'à la prise, par famine, de la ville de Luxembourg au commencement de 95.

Dans l'intervalle des deux siéges de Maëstricht, offrant à tous l'exemple de cette résolution ferme et de cette indomptable valeur qui ne l'abandonnèrent jamais depuis, même en face des plus graves périls, il combattit les Autrichiens à Maroilles, près Landrecy, dix-sept jours durant, malgré la faiblesse numérique de ses soldats, et ne se retira de la mêlée qu'après avoir reçu une balle qui lui traversa la jambe droite au moment où il franchissait un fossé, dans l'espoir de s'emparer d'une position ennemie.

Ainsi blessé, on le dirigea sur l'hôpital d'Ourscamp; de là il vint à Ville pour y attendre la guérison, la hâter, au milieu des soins de sa famille, et retourner plus tôt sur le grand théâtre où de nouveaux exploits l'attendaient.

En quittant Luxembourg, que l'armée française victorieuse avait envahie après le second siége et la prise de Maëstricht, le lieutenant Marin fut embrigadé au camp de Môle, près Cambrai, dans la 13ᵐᵉ demi-brigade. Du camp de Môle il partit en Vendée, et de là passa en Italie avec sa brigade, sous les ordres du général en chef Bonaparte. Dans ce nouveau pays, bien que la guerre fût suspendue, il sut se maintenir à la hauteur de sa jeune réputation, en continuant à mériter les éloges de ses chefs aussi bien que l'affection de ses frères d'armes.

Après le traité de Campo-Formio, qui ôtait aux Français tout prétexte d'occupation de l'Italie, Marin suivit son général en Égypte. Pour premier fait d'armes dans l'empire des anciens Pharaons, il se couvrit de gloire au siége de Malte, qui, malgré sa nombreuse artillerie, se vit forcée de se rendre à discrétion, après un assaut de quatre heures. Ensuite, il eut l'honneur d'entrer un des premiers à Alexandrie, en hissant dans la place le général de division Menou, tout près de la porte du Marabout, à l'opposite de la fameuse colonne de Pompée; qui, dominant les minarets, la ville et les deux armées, semblait, par sa présence au milieu des guerriers modernes, relier le passé au présent, et assister, sans pouvoir l'empêcher, à l'invasion des idées nouvelles dans la patrie de la civilisation ancienne.

Le lendemain de cette action d'éclat, le général Bonaparte, jaloux de rendre un public hommage à la conduite du lieutenant Marin, le proclama capitaine sur le champ de bataille, au milieu du régiment formé en carré, en lui adressant ces paroles flatteuses : « Citoyen Marin, en récompense de la valeur et du courage que vous avez montrés hier à l'attaque, assaut et prise d'Alexandrie, je vous nomme capitaine sur le champ de bataille. »

S'il n'entendit pas les immortelles paroles du général en chef, haranguant ses troupes avant le combat : « Soldats, du haut des pyramides, quarante siècles vous contemplent! » Marin était du moins présent à la célèbre bataille qui se livra non loin de ces monuments fastueux des rois d'Egypte, et il vit sans pâlir la terrible charge de douze cents cavaliers mamelouks s'élançant sur nos bataillons, aussi rapides que la foudre.

Pendant la première insurrection du Caire, Bonaparte le chargea personnellement de secourir l'Institut bloqué par les Turcs révoltés. Il vola au lieu du danger ; les savants qui, vingt minutes plus tard, eussent été infailliblement massacrés, furent délivrés, et Fourrier, le secrétaire de l'Institut, pour remercier le libérateur en son nom et en celui de ses collègues assurés, le serra sur son cœur et l'embrassa en présence de ses soldats qui applaudissaient.

A Jaffa et à Saint-Jean d'Acre, le capitaine Marin parut se surpasser lui-même : en fait de bravoure il n'avait pas encore dit son dernier mot, il n'avait pas encore mis la dernière main au bulletin de ses triomphes.

Dans une sortie pratiquée par la garnison de Jaffa, la batterie de brèche des assiégeants était tombée au pouvoir de l'ennemi ; placé en réserve avec sa compagnie de cent dix grenadiers, il s'aperçoit de la retraite des Français succombant sous le nombre ; il s'élance à leur soutien, les rallie, leur rend avec l'espérance leur énergie perdue, et reprend la batterie. Une heure après, il franchissait la brèche audacieusement défendue, et ramenait le soir, au quartier-général, deux mille prisonniers.

En allant de Jaffa à Saint-Jean d'Acre, Marin fut attaqué à la tête de ses grenadiers par des Naplousiens, tribu du Liban, et eut l'épaule labourée par une balle ; cette blessure ne fit qu'accroître sa belliqueuse ardeur, et devant Saint-Jean d'Acre, toujours animé du même zèle et de la même activité, il monta huit fois à l'assaut sans pouvoir pénétrer dans la place. Dans un engagement avec les Turcs, qui défendaient la ville et faisaient de fréquentes sorties, il leur reprit deux pièces de canons primitivement enlevées par eux aux guides du général en chef, les rejeta dans les fossés des remparts, et sut les y contenir jusqu'au moment où une balle, le frappant à la tête, le força à quitter le champ de bataille.

Ce combat, il faut le dire pour être impartial, s'était passé malgré la volonté de Bonaparte, qui avait même fait transmettre au capitaine des grenadiers l'ordre de cesser le feu et de revenir au camp ; mais Marin comprenant aussitôt, tant il s'était avancé vers l'ennemi, que son retour aurait eu pour conséquence sa mort et celle de la petite troupe, du salut de laquelle il se croyait avant tout responsable, avait refusé d'obéir en envoyant cette réponse hardie à son chef : « Retournez dire au général que je dois rester à mon poste, parce que si je me retire je suis perdu avec mes soldats. » Aussi lorsque, ramené à l'ambulance tout couvert de sang, il rencontra Bonaparte, croyait-il, sinon à une disgrâce, au moins à une sévère allocution ; mais son général le rassura bientôt en lui disant, après l'avoir regardé avec complaisance : « C'est bien, vous vous êtes bravement conduit, allez vous faire panser, commandant. » Et le jour suivant, justifiant la promesse implicitement comprise dans l'expression de la veille, il lui envoya, par le général Lannes, sa nomination de chef de bataillon.

A peine guéri de sa blessure, Marin courut à de nouveaux dangers. Pendant l'effrayante bataille d'Héliopolis, où huit mille Français luttèrent avec succès contre quatre-vingt mille ennemis, il fit des prodiges d'intrépidité et de sang-froid en commandant un des carrés de l'armée.

Lors de la seconde insurrection du Caire, quand quarante mille Turcs avaient arboré l'étendard de la révolte, il fut chargé, à la tête de trois cents grenadiers, de s'emparer de la tranchée dite du Santon, défendue par deux mille Osmanlis. Au moment où il gravissait une échelle pour escalader le rempart, il reçut un coup de poignard dans le cou. On le transporta dans sa tente ; mais l'impulsion était donnée : les soldats, brûlant de venger leur chef, redoublèrent de courage et d'audace ; le faubourg d'Embaber fut enlevé, et le lendemain le Caire capitula.

Ce dernier trait, mis à l'ordre de l'armée, est mentionné d'une

manière spéciale dans les rapports du général Kléber au gouvernement, ainsi que dans *le Moniteur* du temps ; d'autres rapports
du même général constatent également les services que le chef
de bataillon Marin rendit en Egypte, et prouvent qu'il contribua, par sa présence d'esprit et sa fermeté, à ramener à
l'obéissance une population égarée par le fanatisme.

Le héros du Santon faisait manœuvrer son bataillon sur la
place d'Es-Beki, lorsque Soleyman assassina Kléber.

Un an après cet événement, l'armée d'Egypte revenait en
France.

De retour dans sa patrie, en 1800, Marin séjourna successivement en Provence et à Metz, puis se rendit au camp de Boulogne,
où il fut nommé, par l'empereur, major ou lieutenant-colonel
du 16^me régiment de ligne. Il prit part, en cette qualité, à l'expédition de l'amiral Villeneuve aux Antilles, à la tête de deux
bataillons d'élite, sous les ordres immédiats du général
Lauriston, commandant l'armée de terre. Débarqué à la Martinique en 1805, avec deux compagnies de ses bataillons, il
s'empara, aidé des soldats de marine, du fort le Diamant, gardé
par les Anglais. Il était présent au combat naval du cap Finistère, et, après la bataille de Trafalgar, dont il fut témoin, il eut
pour mission de ramener en France les malheureux débris de
l'armée expéditionnaire.

De 1806 à 1807, le major Marin parcourut la Prusse et la
Pologne, s'y montrant digne de ses glorieux antécédents. Après
les siége et prise de la forteresse de Stralsund, il reçut de
l'empereur (faveur éclatante dont le César français était fort
avare) le brevet de colonel de ce même 16^me régiment où il

servait depuis plus de six ans, et auquel il n'avait cessé de donner l'exemple de l'abnégation, du dévouement envers Napoléon et de l'amour pour la patrie.

C'est comme chef de ce corps que le nouveau colonel fit la campagne de 1809 en Autriche. Quelques jours avant la bataille d'Essling, au commencement du mois de mai (et ce fait ne doit pas être omis ici, parce qu'il prouve tout le cas que Napoléon faisait du colonel du 16^me, et que d'un autre côté le héros de ce récit ne le rappelle jamais sans un sentiment d'orgueil bien légitime), l'empereur, en passant une grande revue, fit une exception en faveur de ce beau régiment, ainsi qu'il le nommait lui-même, en accordant à lui seul, ce jour-là, quarante-neuf décorations, celle de son colonel comprise, et en créant, sur le choix de Marin, et comme marque de satisfaction particulière envers le personnel du 16^me de ligne, le capitaine Mourot, baron de l'Empire, avec 4,000 fr. de dotation.

Chargé du commandement de l'aile gauche de la division Molitor à la sanglante affaire d'Essling, le colonel du 16^me de ligne mit le dernier fleuron à sa couronne de gloire en se comportant comme un héros des temps antiques. Après plusieurs charges meurtrières contre l'ennemi, qu'il tint en respect jusqu'à 8 heures du soir, il fut atteint, dans le genou, d'un coup de feu qui le mit hors de combat et nécessita l'amputation.

L'empereur lui donna alors un nouveau gage d'estime et d'affection en le créant maréchal-de-camp; peu de temps après il lui conféra le titre de baron de l'Empiré, avec dotation, et le nomma gouverneur de ses pages.

C'est dans cette position, qui lui offrit encore les moyens de faire valoir, sous le rapport administratif, ses précieuses qualités et son entente de l'ordre et de l'économie, puisque, grâce à l'intégrité de sa gestion, le trésor impérial bénéficia de sommes considérables; c'est dans cette position que le trouva la Révolution si fatale et si inopinée de 1814.

Napoléon trahi quitta la France; mais, au moment de s'exiler, il n'eut garde d'oublier ses fidèles, ceux dont l'attachement lui était resté inébranlable, par la bonne et la mauvaise fortune.

Aussi, lors des adieux de Fontainebleau, il comprit à ce titre, dans son testament, le blessé d'Essling, en lui léguant une somme de 50,000 fr., somme que, pour le dire en passant, la liste civile de Louis XVIII, qui ne voulait pas l'héritage de l'usurpateur, même sous bénéfice d'inventaire, s'abstint de livrer au destinataire.

Quand le grand homme revint de l'île d'Elbe, le général Marin reprit ses fonctions avec joie; mais les jours du malheur reparurent : 1815 et son cortége anti-national, en le trouvant toujours dévoué à son idole déchue, interrompirent sa carrière militaire et le firent rentrer dans la vie privée, dont il n'a plus depuis voulu sortir.

Sans doute il eut pu, comme tant d'autres à la conscience élastique, étouffer son culte napoléonien et accepter un emploi de la restauration, qui n'aurait pas mieux demandé que de se le rallier, qui essaya même de lui faire embrasser ses doctrines; mais le prestige de la gloire s'était évanoui, l'aigle avait pris son vol vers les cieux, et l'homme du siècle, victime de sa confiance aveugle envers le gouvernement anglais, mourait, loin de la patrie, sur un rocher sauvage perdu au sein de l'Océan !

Il abandonna tout-à-fait la scène , désormais sans charmes
pour lui ; ses insignes et son habit de guerre furent délaissés
sans arrière-pensée, et, après avoir vécu dans le tourbillon et le
bruit de la vie parisienne, sous les règnes de Louis XVIII , de
Charles X et le commencement du règne actuel, il est revenu
demander au paisible asile où s'écoula son heureuse et insou-
ciante jeunesse, le repos, la tranquillité, l'oubli des vanités et
des agitations du monde.

Mais sous le vêtement, sous l'enveloppe du citoyen , respire
toujours l'âme vaillante du soldat de la grande armée.

Il aime (et nous avons eu souvent le bonheur de l'entendre),
il aime à raconter sans forfanterie, avec la simplicité d'un sage,
à ceux qu'il affectionne , les laborieuses campagnes dont il fut
un des redoutables acteurs. Il se plaît à parler de Napoléon,
son génie, son demi-dieu.

Il rajeunit à ses nobles souvenirs d'une époque impérissable ;
sa figure s'anime, son regard brille , sa voix reprend l'éclat des
grandes batailles, alors qu'il conduisait à la victoire ses invin-
cibles soldats, électrisés par son exemple; enfin il retrouve,
dans ses propres récits, ce passé de triomphes et de dangers
qui a toujours été sa véritable vie.

Sous des dehors sévères, il cache un cœur excellent, sympa-
thique à toutes les souffrances, accessible à toutes les misères,
sachant également comprendre les exigences de toutes les po-
sitions.

Ses concitoyens, honorant ses vertus, l'ont élevé à la dignité
de maire, et ils ne pourraient s'en repentir : son administration
est douce, mais ferme ; et quand il le faut, il sait, dans ses fonc-

tions civiles, se souvenir efficacement de la résolution, de la volonté que manifestait jadis, dans les occasions difficiles, le soldat de la république et de l'empire.

Enfin le général Marin est un homme exceptionnel, digne des respects de tous, qu'il est impossible de ne pas aimer sitôt qu'on le connaît. Il a été un grand guerrier; il est toujours un grand patriote.

Après avoir servi son pays avec ferveur, après avoir reçu sept blessures graves, dépensé les plus belles années de sa vie, et versé son sang pour lui dans les quatre parties du monde, il fait encore des vœux pour l'intérêt général; il sert la cause sublime du progrès, en réprimant, autant qu'il est en lui, dans son petit endroit, les abus d'une époque dont le règne est passé.

Entouré des soins vigilants de sa femme, modèle de vertus, ange gardien des malheureux, et en tous points la digne compagne de sa vie, il ne désire rien que le bonheur de ceux qui l'environnent, soit comme ses administrés, soit comme les hôtes passagers de sa charmante villa.

Quant aux favorisés du destin qu'il a pris en amitié, comme nous pensons qu'il l'a fait à notre égard, ils s'en félicitent tous les jours, le vénèrent comme un père bien aimé, et se tiendraient pour très-malheureux d'encourir son blâme et de démériter à ses yeux.

**A. BIGARD FABRE.**

Ville, 3 Avril 1847.

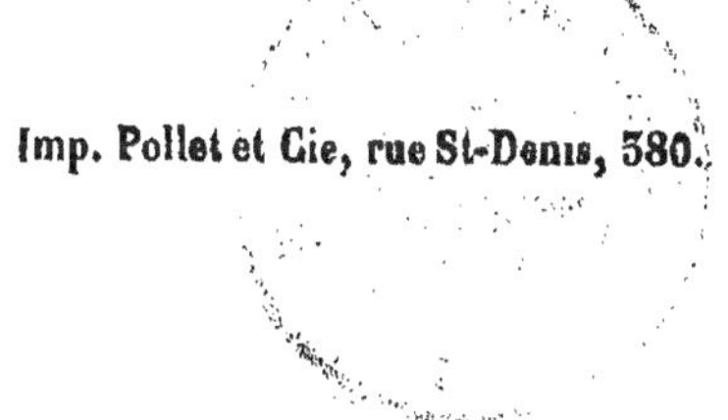

Imp. Pollet et Cie, rue St-Denis, 380.